Italo Arbulu Villanueva

# Parcerias Público-Privadas e Gestão de Resíduos

## O desafio dos destinos turísticos



ScienciaScripts

**Imprint**
Any brand names and product names mentioned in this book are subject to trademark, brand or patent protection and are trademarks or registered trademarks of their respective holders. The use of brand names, product names, common names, trade names, product descriptions etc. even without a particular marking in this work is in no way to be construed to mean that such names may be regarded as unrestricted in respect of trademark and brand protection legislation and could thus be used by anyone.

Cover image: www.ingimage.com

This book is a translation from the original published under ISBN 978-3-659-88830-4.

Publisher:
Sciencia Scripts
is a trademark of
Dodo Books Indian Ocean Ltd. and OmniScriptum S.R.L publishing group

120 High Road, East Finchley, London, N2 9ED, United Kingdom
Str. Armeneasca 28/1, office 1, Chisinau MD-2012, Republic of Moldova, Europe
Managing Directors: Ieva Konstantinova, Victoria Ursu
info@omniscriptum.com

Printed at: see last page
**ISBN: 978-620-8-56358-5**

**Italo Arbulu Villanueva**

# Parcerias Público-Privadas e Gestão de Resíduos

***À minha família, a melhor prenda que a vida me poderia dar.***

# ÍNDICE

# CURRÍCULO

Desde que a Comissão Europeia colocou a hierarquia dos resíduos na ordem do dia, foram testadas muitas alternativas em diferentes regiões, a fim de melhorar as práticas ambientais de gestão dos resíduos sólidos urbanos (RSU); no entanto, na literatura académica, tem sido dada pouca atenção aos destinos turísticos. A interação entre turismo, resíduos sólidos urbanos e sustentabilidade deve ser considerada para melhorar o desempenho das estratégias de gestão de resíduos sólidos urbanos (RSU).

Este livro analisa a influência do turismo nos sistemas de gestão de resíduos sólidos urbanos (RSU). As caraterísticas dos destinos turísticos, como a sazonalidade, a dotação de terras e o apoio social, colocam desafios interessantes à sustentabilidade destes sistemas e influenciam fortemente a escolha das tecnologias de tratamento.

Além disso, a sazonalidade do turismo afecta significativamente os custos de gestão que devem ser considerados na gestão do sistema de gestão de resíduos sólidos urbanos, em particular naqueles em que o sistema é fornecido por parcerias público-privadas (PPP). Por último, o sistema tarifário neste tipo de PPP ambiental em destinos turísticos ainda precisa de ser melhorado para promover a minimização e a reciclagem de resíduos.

# CAPÍTULO 1. INTRODUÇÃO

A produção de resíduos sólidos urbanos (RSU) é uma consequência natural das actividades humanas que influencia os serviços ecossistémicos (Rodríguez, 2002; Mor et al., 2006; Shekdar, 2009). O crescimento populacional e económico, combinado com mudanças nos padrões de vida da comunidade, aumentou a taxa de produção de RSU, tanto em valores absolutos como per capita. Este facto aumentou a pressão sobre as autoridades públicas no sentido de desenvolverem políticas e sistemas precisos de gestão dos resíduos sólidos urbanos (RSU) para lidar com este problema ambiental (Foo, 1997; Marchand, 1998; Pokhrel & Viraraghavan, 2005; Magrinho, 2006; Manga et al., 2008; Shekdar, 2009; Al-Khatib et al., 2010).

Atualmente, a preocupação com a gestão inadequada tem conduzido a esforços globais no sentido de reorientar os sistemas de gestão de RSU para a sustentabilidade (Shekdar, 2009). O conceito de sustentabilidade refere-se à necessidade de manter estes impactes negativos dentro de certos limites e, nesta tarefa, a gestão de resíduos desempenha um papel importante (Rodríguez, 2002). Os fluxos crescentes de RSU aumentam a pressão sobre os planeadores para encontrar um sistema amigo do ambiente que possa lidar com este problema, tendo em conta os recursos limitados para o seu financiamento e a necessidade de aceitação social. Para atingir estes objectivos, espera-se que as autoridades locais formulem um sistema sustentável de gestão de RSU que não só estabeleça soluções tecnológicas para o tratamento de RSU, mas também permita alinhar os incentivos dos principais intervenientes (Rotich, 2006).

Muitos estudos de caso anteriores na literatura académica sobre práticas de gestão de resíduos sólidos urbanos tentaram avaliar vários dos seus aspectos (por exemplo, produção, caraterização, tecnologias de tratamento, eliminação, etc.) em diferentes regiões do mundo[1] . Estes estudos criaram uma fonte do estado da arte da gestão de RSU, destacando os pontos fortes e fracos importantes de cada sistema. No entanto, a maioria destes estudos de caso centra-se em grandes cidades e apenas alguns deles analisam as caraterísticas particulares da gestão de RSU em destinos turísticos

[1] Para obter a lista pormenorizada dos países, consultar o APÊNDICE.

(Andreadakis et al., 2000; Berkun et al., 2005; Bel, 2006; Mateu-Sbert et al., 2013).

Alguns estudos mostram que as caraterísticas das atividades turísticas (volume, qualidade do turismo e grau de especialização em turismo) têm uma influência significativa no volume de RSU (Arbulu et al., 2013; Arbulu et al., 2015; Arbulu et al., 2016). Uma caraterística especial dos destinos turísticos é que os serviços prestados neles são consumidos por clientes móveis (turistas) que visitam o destino (Song, 2012); portanto, o desenvolvimento dos destinos turísticos tem uma relação direta com a geração de resíduos. No entanto, a forma como as caraterísticas do setor afetam a GRSU não foi totalmente analisada na literatura académica (Andreadakis et al., 2000; Berkun et al., 2005; Magrinho et al., 2006; Papachristou et al. 2009; Mateu-Sbert et al., 2013).

Além disso, durante as últimas décadas, o sistema de gestão de resíduos sólidos urbanos tem sido fornecido por parcerias público-privadas (PPP). Apesar de existirem muitos estudos que tentaram avaliar o desempenho das PPP em sistemas de gestão de resíduos sólidos urbanos em diferentes regiões do mundo (Bessonova, 2012), apenas alguns deles analisaram as caraterísticas particulares da gestão de resíduos sólidos urbanos em destinos turísticos (Berkun et al., 2005; Mateu-Sbert et al., 2013; Arbulu et al., 2013).

Esta é, na minha opinião, uma lacuna importante, uma vez que o turismo é um sector em crescimento em todo o mundo que é intensivo na produção de RSU e, como tentamos mostrar neste livro, são encontrados desafios específicos para a gestão de RSU nas regiões especializadas em turismo (Arbulu et al., 2015). Neste livro, analisamos as principais caraterísticas, problemas e desafios da gestão de RSU em destinos turísticos e os desafios da PPP relacionados com a gestão de serviços de RSU. Este tipo de economias enfrenta normalmente uma elevada concentração de turistas durante a época alta, o que sugere que o desenvolvimento do turismo desempenha um papel importante na conceção de políticas e estratégias adequadas nos sistemas de gestão de RSU.

O resto deste livro está organizado da seguinte forma. A Secção 2 descreve as principais caraterísticas de uma PPP ambiental relativamente aos sistemas de gestão de resíduos sólidos urbanos. A Secção 3 explica os principais factores a ter em conta para um sistema integrado de gestão de resíduos sólidos urbanos e estabelece a estrutura sob a qual a análise do PPP deve ser realizada. Na secção 4, o livro descreve a relação entre a especialização do turismo e os sistemas de gestão de resíduos sólidos urbanos e o seu impacto no desempenho das PPP. Finalmente, a Secção 5 apresenta as conclusões centrais do livro.

# CAPÍTULO 2. O PAPEL DAS PARCERIAS PÚBLICO-PRIVADAS EM SISTEMAS MUNICIPAIS DE GESTÃO DE RESÍDUOS SÓLIDOS

Tradicionalmente, na investigação académica relativa à gestão de resíduos sólidos urbanos, argumentava-se que a responsabilidade e a gestão das instalações de gestão de resíduos sólidos urbanos deviam caber exclusivamente às autoridades públicas (Sawell et al., 1996; Shekdar, 2009). No entanto, nos últimos anos, vários autores têm sugerido que, para se obterem resultados eficazes, a gestão de resíduos deve ser efectuada exclusivamente pelas autoridades públicas. Durante muitas décadas, a prestação de serviços de gestão de resíduos tem estado tradicionalmente sob a jurisdição do governo central e dos municípios locais.

Infelizmente, muitos destes governos não conseguiram criar sistemas de gestão de resíduos sólidos urbanos aceitáveis. Isto deve-se, em parte, ao facto de não atribuírem recursos suficientes para promover a redução de resíduos e, em parte, à falta de equipamento e de conhecimentos nesta área. Além disso, alguns autores argumentam que o monopólio do Estado para a prestação deste serviço e a ausência de concorrência são factores que contribuem para a situação de uma economia fraca, em que a gestão de resíduos não é considerada uma das principais prioridades.

Nos últimos anos, tem surgido um novo conceito em torno dos sistemas de gestão de resíduos sólidos urbanos, em que não é necessariamente apenas o governo que presta serviços de tratamento de resíduos. De facto, é aqui que surge a oportunidade de outros sectores da sociedade entrarem em cena. Sendo orientado para o lucro, o sector privado é muito mais rápido a operar e é também mais eficaz, especialmente se for criada uma situação de concorrência (Bartone, 1990; Bartone et al., 1991; Rotich, 2006). A criação de empresas comuns entre os sectores público e privado pode proporcionar melhores serviços e reafectar recursos financeiros dos orçamentos governamentais, ao mesmo tempo que desenvolve a prestação de serviços pelo sector privado. Esta opção para a prestação de serviços de gestão de resíduos é bem representada pelas Parcerias Público-Privadas (PPP).

Através da PPP, o sector privado pode encarregar-se da conceção da infraestrutura, do investimento, do planeamento, da gestão e da supervisão das operações técnicas das instalações de gestão de RSU, enquanto a autoridade pública mantém as responsabilidades de planeamento e supervisão de todo o sistema de gestão de RSU.

As Parcerias Público-Privadas existem em muitos países de todo o mundo e baseiam-se na ideia de que é possível obter um valor adicional através da combinação de conhecimentos e da coprodução; por conseguinte, uma PPP implica a cooperação entre actores públicos e privados para desenvolver produtos ou serviços partilhando riscos, custos e benefícios (Osborne, 2000; Sullivan & Skelcher, 2002; Klijn et al., 2008). A maioria destes projectos está relacionada com a reconstrução urbana ou a renovação de infra-estruturas públicas (losa et al., 2013). Isto confere-lhes um carácter especial em relação às PPP relacionadas com os sistemas de gestão de resíduos sólidos urbanos, uma vez que a maioria destes projectos ambientais ou espaciais tendem a ser bastante complicados, dado que o seu principal objetivo é a melhoria da qualidade ambiental (Bessonova, 2012).

Além disso, como Iosa et al. (2013) observou, podem surgir problemas nas PPP quando as especificações dos resultados não estão claramente definidas ou não são coerentes com as necessidades de infra-estruturas que a PPP pretende satisfazer. As especificações de produção são a base do contrato; estas devem ser identificadas previamente através de uma avaliação económica cuidadosa. Os erros no contrato podem ser muito onerosos para a autoridade pública, dada a natureza de longo prazo do contrato de PPP.

No âmbito de uma PPP relacionada com a gestão de resíduos sólidos urbanos, a autoridade pública deve desempenhar um papel importante como regulador que define os objectivos ambientais, enquanto o sector privado contribui com recursos financeiros, capacidade técnica e espírito empresarial para prestar o serviço público. Muitas PPP na análise económica tentam promover esquemas financeiros auto-sustentados. Nos sistemas de gestão de resíduos sólidos urbanos, isto implicaria que os produtores de resíduos pagassem ao prestador uma taxa de utilização que cobrisse os custos; no entanto, devido à natureza destes serviços como bens públicos com investimentos volumosos, é habitual que os governos efectuem pagamentos ao sector privado (Chang et al., 2003; Iosa et al. 2013).

Para que a implementação das PPP seja bem sucedida, é necessária uma visão estratégica das autoridades públicas. O reforço das instituições e a possibilidade de definir macro-ambientes claros e estáveis reduziriam os riscos do lado público. Isto encorajaria a PPP ao reduzir possíveis impactos negativos na estabilidade financeira da PPP (Chang et al., 2003; Iosa et al. 2013). Além disso, as PPP relacionadas com o sistema de gestão de resíduos sólidos urbanos não só requerem um quadro jurídico e políticas que definam objectivos, mas também precisam de definir responsabilidades entre muitas autoridades públicas a vários níveis envolvidas no sistema (Shekdar, 2009; Al-Khatib et al., 2010).

# CAPÍTULO 3. O OBJECTIVO DE UMA ABORDAGEM INTEGRADA PARA UM SISTEMA SUSTENTÁVEL DE GESTÃO DE RESÍDUOS SÓLIDOS URBANOS

Atualmente, a existência de uma grande variedade de processos e tecnologias para o tratamento de RSU tem gerado estruturas e soluções alternativas para a sua eliminação. No entanto, mesmo com tantas opções tecnológicas, a solução ideal para o tratamento dos RSU ainda não foi totalmente estabelecida (Magrinho, 2006).

No entanto, existe consenso sobre os princípios básicos da gestão de resíduos estabelecidos pela Comissão Europeia: (i) redução na fonte, (ii) reutilização/reciclagem, (iii) recuperação e (iv) eliminação (Comissão Europeia, 1994; Comissão Europeia, 1999; Comissão Europeia, 2004; Lee & Sun Paik, 2011). Esta "hierarquia dos resíduos" é um guia internacionalmente aceite para dar prioridade às práticas de gestão de resíduos em termos de resultados ambientais desejáveis.

Como é possível observar, a hierarquia dos resíduos estabelece a ordem preferencial das opções de gestão de resíduos, da mais preferida para a menos preferida. De acordo com esta hierarquia, um sistema eficiente de gestão de resíduos sólidos urbanos deve ter como principal objetivo a redução da quantidade de resíduos sólidos urbanos, sendo a reutilização mais eficiente dos recursos um objetivo secundário (ver Figura n.º 01)

***FIGURA N° 01***

***POLÍTICA DE HIERARQUIA DE RESÍDUOS***

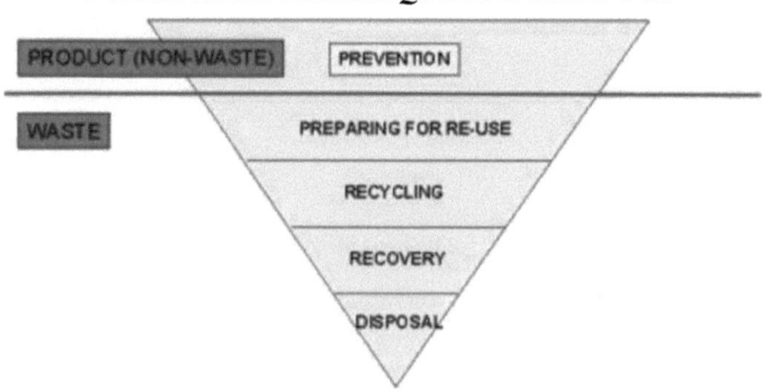


Fonte: Comissão Europeia

Em muitos países, a gestão dos RSU tornou-se uma tarefa complexa para as autoridades públicas, não só devido ao volume crescente de resíduos e à sua variedade (Sawell et al., 1996; Tinmaz & Demir, 2006), mas também devido ao aumento dos recursos necessários para operar o sistema (à medida que as cidades crescem, a gestão dos RSU torna-se cada vez mais complexa[2] ) e à crescente preocupação do público com os impactos ambientais.

Nos últimos anos, muitos investigadores aperceberam-se de que, para conseguir uma gestão eficiente dos RSU, é necessário conceber um sistema integrado, em vez de selecionar subsistemas de componentes individuais que podem não funcionar bem em conjunto (Bovea et al., 2010; Fobila et al., 2008; Henry et al., 2006; Joos et al., 1999; Ljunggren, 1996; Rotich, 2006; Shekdar et al., 1991; Tinmaz, 2002; Wilson et al., 2006; Zhang et al., 2010). Este sistema integrado exige das autoridades públicas uma abordagem de planeamento racional que envolva uma análise integrada da produção, recolha, transporte, processamento e eliminação, a fim de alcançar a sustentabilidade deste sistema (Dennison et al., 1996; Rotich, 2006; Shekdar, 2009).

O objetivo de um sistema sustentável de gestão de resíduos sólidos urbanos não está apenas relacionado com a escolha de uma tecnologia adequada para o tratamento e eliminação de resíduos sólidos urbanos (Henry et al., 2006). Um sistema sustentável de gestão de resíduos sólidos urbanos pode lidar com outros factores, como as condições socioeconómicas, os impactos ambientais, o apoio social e a coordenação institucional a diferentes níveis governamentais (ver Figura n.º 02).

[2] Ver Omuta (1987).

*FIGURA N° 02*

***SISTEMA INTEGRADO E SUSTENTÁVEL DE GESTÃO DOS RESÍDUOS SÓLIDOS URBANOS***

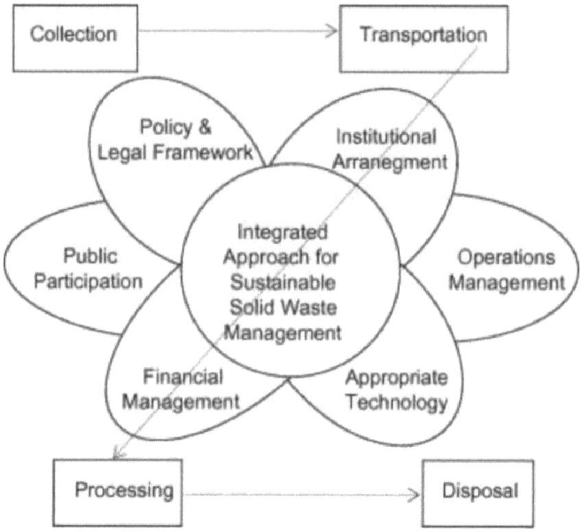


Fonte: Shekdar, 2009

As inter-relações entre estes factores são normalmente complexas (Al-Khatib et al., 2010). Dadas estas caraterísticas, não existe um parâmetro único para avaliar a eficácia do sistema; por conseguinte, o desempenho do sistema de gestão de resíduos sólidos urbanos deve considerar diferentes medidas em cada parte do processo (recolha transporte, transformação e eliminação), a fim de avaliar o seu desempenho e sustentabilidade.

## 3.1. QUADRO JURÍDICO E DISPOSIÇÕES INSTITUCIONAIS EM SISTEMAS SUSTENTÁVEIS DE GESTÃO DE RESÍDUOS SÓLIDOS URBANOS

A gestão de resíduos sólidos urbanos (RSU) está a tornar-se um problema complexo para as grandes cidades, onde o governo e as autoridades locais são responsáveis pelo sistema desde o ponto de recolha inicial até ao tratamento final dos RSU. Durante a última década, foram feitos muitos esforços a nível mundial para melhorar a gestão dos RSU com diferentes leis, diretivas e planos que visavam contribuir para os objectivos dos acordos internacionais relativos ao desenvolvimento sustentável.

As diretivas europeias tiveram uma influência determinante no desenvolvimento da gestão de resíduos sólidos urbanos, estabelecendo um paradigma para as orientações da legislação nacional entre os membros da União. A primeira diretiva europeia sobre resíduos surgiu em 1975 (Comissão Europeia, 1975) e definiu as condições básicas para a eliminação de resíduos. É importante salientar que, durante esses anos, os países do Norte da Europa estavam mais empenhados em soluções que incluíam a incineração ou a reciclagem, enquanto os países do Sul da Europa preferiam aterros controlados devido aos custos mais baixos.

Quase duas décadas depois, em 1994, a Diretiva 94/62/CE (Comissão Europeia, 1994) estabeleceu orientações para a regulamentação relativa à gestão de embalagens e resíduos de embalagens, a fim de reduzir os seus impactos ambientais. Esta diretiva promoveu a reciclagem, estabeleceu a hierarquia dos resíduos de embalagens e fixou objectivos para os Estados-Membros relativamente a estas actividades.

Cinco anos mais tarde, em 1999, a Diretiva 99/31/CE (Comissão Europeia, 1999) definiu as regras para a deposição de resíduos em aterro, a fim de estabelecer as medidas, processos e orientações que visavam reduzir os efeitos negativos da poluição no ambiente a nível local (águas superficiais e subterrâneas, solo e atmosfera) e global (gases com efeito de estufa). Esta diretiva exigia que os Estados-Membros criassem planos estratégicos para a redução dos RSU biodegradáveis antes de serem depositados em aterros. Esta diretiva exige uma redução de 65% dos resíduos biodegradáveis depositados em aterros controlados até 2016.

Em 2004, foi publicada a Diretiva 2004/12/CE (Comissão Europeia, 2004) para atualizar a anterior diretiva de 1994. Esta nova diretiva visava redefinir os objectivos para a recuperação e reciclagem de embalagens e resíduos de embalagens.

Finalmente, em 2008, a Diretiva Europeia 2008/98/CE (Comissão Europeia, 2008) estabeleceu as orientações para os Estados-Membros implementarem novas políticas destinadas a prevenir a produção de resíduos, bem como a melhorar as estratégias de reciclagem e valorização. Para atingir estes objectivos, são necessários planos de ação e metas para a prevenção de resíduos num futuro próximo. Esta diretiva também estabelece o objetivo de um aumento de 50% do peso da reciclagem de alguns RSU para 2020.

No que diz respeito às autoridades locais, um dos principais instrumentos de gestão de resíduos sólidos urbanos são os chamados "Planos Diretores", nos quais o governo (local ou nacional) define os objectivos principais do sistema de gestão de resíduos sólidos urbanos, em que a hierarquia dos resíduos é um elemento-chave (minimização de resíduos, reutilização e reciclagem, recuperação e eliminação). Alguns destes planos diretores também definem a principal tecnologia tratada, em que a escolha entre um sistema de recuperação de energia (incineração) ou aterros controlados coloca questões relevantes às autoridades locais.

É importante notar que um sistema sustentável de gestão de resíduos sólidos urbanos não só precisa de um quadro jurídico que defina os objectivos, como também é importante que defina claramente as responsabilidades, actividades e ferramentas administrativas entre as diferentes instituições envolvidas no sistema, de modo a permitir que trabalhem da forma mais eficiente (Shekdar, 2009; Al-Khatib et al., 2010). O quadro jurídico deve ser claro quanto a estas questões:

- Que instituição é responsável pela recolha e eliminação dos RSU nas estações de transferência ou diretamente nas instalações de tratamento?
- Que instituição é responsável pelo tratamento dos RSU?
- Que instituição tem obrigações administrativas relativamente ao transporte de RSU das estações de transferência para as instalações de tratamento.
- Que instituições fazem a escolha da melhor tecnologia de tratamento?
- Que instituição é responsável pelo planeamento estratégico?
- Qual é a instituição responsável pela fixação dos honorários para o tratamento de MSW?
- Que instituição é responsável pelo controlo do bom funcionamento do sistema?
- Que instituição é responsável pelos resíduos perigosos que requerem um

tratamento específico?

Por último, é importante notar que, tradicionalmente, na investigação académica sobre a gestão de resíduos sólidos urbanos, se defendia que a responsabilidade e a gestão das instalações de gestão de resíduos sólidos urbanos deviam caber exclusivamente às autoridades públicas (Sawell et al., 1996; Bel, 2006; Shekdar, 2009). No entanto, nos últimos anos, vários autores têm sugerido que, para obter resultados eficientes, é importante promover a cooperação entre os sectores público e privado, permitindo que o primeiro participe na operação[3] do sistema de gestão de RSU (Bartone et al., 1991; Rotich, 2006). Neste sentido, o quadro legal deve ser suficientemente flexível para promover a participação do sector privado através de vários contratos de PPP, tais como concessões.

Em suma, o principal objetivo do quadro jurídico relativo aos sistemas de gestão de resíduos sólidos urbanos deve ser claro no que diz respeito ao seu principal objetivo, que é a minimização dos impactos ambientais através da promoção da minimização, recuperação e tratamento de resíduos num sistema integrado preciso. O arranjo institucional também é importante, uma vez que todas as autoridades locais devem ter um entendimento claro de quais são as suas principais responsabilidades no sistema. Por fim, o quadro jurídico também deve ser suficientemente flexível para promover a participação privada através de PPP, mas sem ter em conta que funções como o planeamento e a supervisão devem manter-se como principais responsabilidades públicas, de modo a manter todos os incentivos alinhados.

## 3.2. GESTÃO TECNOLÓGICA E OPERACIONAL DO SISTEMA MSWM

O subsistema de recolha de resíduos sólidos urbanos é uma componente essencial de todos os sistemas de gestão de resíduos em todo o mundo (Oluwande, 1984; Dennison et al., 1996; Rotich, 2006; Shekdar, 2009). Geralmente, a recolha de RSU nas grandes cidades é efectuada como um sistema de dois níveis que envolve a recolha primária e

[3] As actividades de planeamento e controlo devem continuar a ser da competência das autoridades públicas.

secundária (Zhang, 2010). Este tipo de recolha exige que os cidadãos e as empresas separem a produção de RSU em fracções como papel e cartão, resíduos orgânicos, plástico, etc. (ver Figura n.º 03). Desta forma, as autoridades locais, que são responsáveis pela recolha e tratamento, tentam recuperar a quantidade máxima de material valioso contido nos RSU antes do tratamento.

***FIGURA N° 03***
***EXEMPLO DE TRIAGEM DE RESÍDUOS***

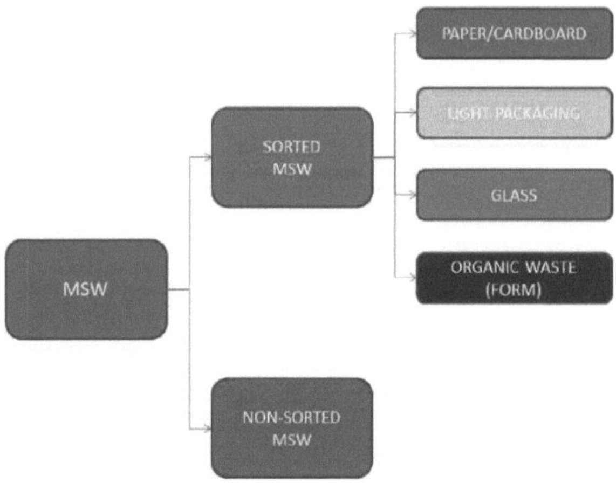


Como a classificação dos resíduos não pode ser totalmente controlada pelas autoridades públicas devido aos elevados custos de supervisão, está sujeita à vontade do produtor em colaborar com o programa[4] (Bach et al., 2004; Fobila et al., 2008), uma vez que a Recolha Primária envolve o armazenamento e o transporte dos resíduos (triados e não triados) do local do produtor para um local de recolha local, enquanto a recolha secundária envolve o armazenamento e o transporte dos RSU do ponto de recolha local para as instalações de tratamento. Neste tipo de sistemas, a triagem dos resíduos pelos produtores só tem lugar durante a recolha primária.

Além disso, esta abordagem cooperativa da recolha de RSU levanta um problema de informação, uma vez que as autoridades públicas (municípios) não conhecem o volume

[4] No entanto, em Taiwan, por exemplo, o governo segue a reciclagem obrigatória de resíduos com a possibilidade de multas para os residentes que deitem fora os resíduos recicláveis com os resíduos gerais (Li-The et al., 2006).

e a composição dos RSU dos diferentes tipos de produtores. A informação fiável sobre a quantidade e a composição dos RSU é de importância considerável no planeamento dos serviços e infra-estruturas de resíduos (Dennison et al., 1996; Rodriguez, 2002; Mateu-Sbert et al., 2013), ainda mais num quadro de mudança de sistemas de gestão de resíduos baseados em aterros para sistemas baseados em recursos, uma vez que o aumento das taxas de reciclagem e de valorização está a tornar-se uma tarefa mais complexa (Burnley, 2007).

Para a recolha primária, existem normalmente dois tipos de métodos: a recolha ao domicílio e os sistemas de recolha colectiva. No entanto, dado o elevado custo do primeiro método, os municípios de maior dimensão recorrem a sistemas de recolha colectiva, que envolvem a localização de contentores metálicos (contentores de lixo) em locais designados, uma vez que este sistema reduz os custos de recolha e transporte (Tinmaz & Demir, 2006).

Relativamente ao transporte de RSU, a maioria dos sistemas de gestão de RSU utiliza um conjunto de estações de transferência para aumentar a eficiência. A principal importância das estações de transferência não é apenas a redução dos custos para os municípios, mas também a redução dos impactes ambientais. Uma vez na estação de transferência, os RSU são descarregados em contentores hermeticamente fechados e compactados. As estações de transferência incorporam considerações ambientais: não há manuseamento manual dos RSU e não há contacto com o ambiente externo depois de serem tratados dentro da estação.

Devido às suas vantagens financeiras[5] e ambientais[6] , as estações de transferência podem ser consideradas uma boa alternativa nos destinos turísticos, em comparação com o transporte diário dos municípios para as instalações de tratamento. Os

[5] Ao combinar as cargas de vários camiões de recolha de resíduos individuais num único carregamento, as comunidades podem poupar dinheiro nos custos operacionais de transporte dos resíduos para uma instalação de tratamento distante.

[6] As estações de transferência permitem que os gestores de resíduos sólidos separem os materiais recicláveis e controlem a entrada de resíduos perigosos ou outros materiais indesejáveis no fluxo de resíduos.

contentores de resíduos, uma vez cheios nas estações de transferência, são depois transferidos para as instalações de tratamento.

Uma vez recolhidos os materiais selecionados e enviados para a instalação de tratamento, iniciam-se as actividades de valorização. A literatura académica refere que as instalações de reciclagem têm vantagens económicas, ambientais e sociais, reduzindo as quantidades de resíduos a depositar em aterro (Tinmaz & Demir, 2006). Por um lado, embora a reciclagem tenha sido descrita como uma alternativa eficiente à utilização de matérias-primas[7] , no sector do turismo as caraterísticas especiais dos serviços não são intensivas na utilização de materiais recuperados; por conseguinte, os recursos reciclados devem ser vendidos em vez de reutilizados. Por outro lado, os recursos recuperados de fontes orgânicas podem ser afectados a actividades económicas no destino, uma vez que a matéria orgânica recuperada é utilizada para gerar biogás, que é uma fonte de energia renovável. Além disso, outra fração da matéria orgânica é misturada com lamas de depuração provenientes de instalações municipais de tratamento de águas residuais, a fim de gerar composto[8] , que é finalmente vendido como suplemento para a indústria agrícola e actividades de jardinagem.

Por último, dada a pequena área geográfica de muitos destinos turísticos e o elevado custo dos terrenos, a necessidade de reduzir o volume de resíduos levou as autoridades públicas a escolher a incineração de RSU (recuperação de energia) como a melhor alternativa tecnológica, em comparação com os aterros, para tratar os resíduos não reciclados. Alguns autores defendem que a incineração de RSU tem inúmeras vantagens (como a redução do volume) que muitos países estão a ter em conta no planeamento da gestão de RSU (Hjelmar, 1996; Sakai et al., 1996; Li et al., 2003; Vehlow, 2006; Slagstad & Brattebo, 2012).

---

[7] Alguns países industrializados, como a Alemanha, a Suécia, o Japão e os Estados Unidos, já obtiveram resultados notáveis ao reutilizarem de forma abrangente os recursos provenientes da gestão de resíduos sólidos (Yuan et al., 2006).

[8] A compostagem é considerada como "a decomposição controlada da matéria orgânica através de processos biológicos, resultando num húmus rico em nutrientes" (Narayana, 2009).

Embora o objetivo original do sistema de gestão de RSU seja melhorar os resultados ambientais, um sistema de recuperação de energia tem uma vantagem adicional, dado que muitos destinos dependem de recursos não renováveis (carvão) para a produção de energia. É importante salientar que a valorização energética dos resíduos é uma solução tecnológica para reduzir o volume de RSU e não para mudar as fontes de energia (que não é o objetivo principal), no entanto, a utilização da energia dos resíduos deve ser considerada uma vantagem complementar.

Além disso, em muitos destinos turísticos, os recursos naturais e ambientais podem ser considerados fontes de vantagem comparativa (Mihalic, 2000). Por conseguinte, um sistema de gestão de RSU que se concentre em instalações de incineração e evite a utilização de aterros promove a conservação dos recursos naturais, pelo que deve ser considerado a melhor opção tecnológica (Hjelmar, 1996; Jin et al., 2006; Joos et al., 1999). Isto apesar de a incineração ser normalmente limitada por custos elevados devido à tecnologia complexa necessária para a queima em grande escala e para os controlos da poluição atmosférica (Shekdar, 2009).

Em suma, os sistemas de gestão de RSU devem basear-se numa tecnologia adequada, dado o elevado custo da terra e a grande dependência do carvão para a produção de energia. No entanto, este sistema tem de enfrentar dois problemas principais que afectam o seu desempenho operacional: (i) a falta de informação sobre o volume e a composição dos RSU pelos geradores, especialmente pelos turistas e (ii) a acentuada sazonalidade na produção de RSU, ligada ao turismo (como é considerado na Secção 4 deste livro), que leva a uma capacidade não utilizada na época baixa.

## 3.3. GESTÃO FINANCEIRA DA MSWM

Todas as regiões que procuram um sistema sustentável de gestão de resíduos sólidos urbanos devem não só abranger aspectos como a limpeza, as normas de saúde pública e a preservação da qualidade ambiental, mas também as fontes de financiamento devem ser claramente desenvolvidas (Shekdar, 2009). Assim, o sistema deve equilibrar adequadamente as receitas com as necessidades de investimento de capital e os custos operacionais, a fim de alcançar a sustentabilidade (Rodríguez, 2002). No entanto, a literatura académica salienta que a gestão financeira é uma tarefa complexa e um grande desafio para os sistemas de gestão de RSU (Karam et al., 1990; Koushki et al., 2004; Mrayyan & Hamdi, 2006; Shekdar, 2009).

Como explicado acima, os sistemas de gestão dos RSU dividem os tratamentos de acordo com duas fontes: selecionados (resíduos reciclados e orgânicos) e RSU não selecionados. A utilização de instalações de tratamento de RSU triados implica um aumento significativo dos custos, desde que a classificação dos resíduos triados no sistema de recolha seja mais específica (Rodríguez, 2002; Tinmaz & Demir, 2006). Por outro lado, uma tecnologia de recuperação de energia requer não só um grande investimento de capital (Rodríguez, 2002), mas também um fornecimento de materiais com elevado poder calorífico, como o papel e o cartão, para aumentar os níveis de combustão (Murray, 1999). Assim, a sustentabilidade financeira do sistema impõe às autoridades públicas o desafio de estruturar os incentivos económicos adequados, uma vez que ambos os sistemas, em certa medida, competem pelos recursos (taxas de reciclagem mais elevadas implicam volumes mais baixos para a valorização energética).

Outra caraterística dos sistemas de gestão de resíduos sólidos urbanos é a presença de parcerias público-privadas (PPP) na prestação de tratamento em vários destinos. Como alguns autores argumentaram, o envolvimento do sector privado na prestação do serviço público ajudou a realçar os enormes custos envolvidos na gestão de RSU, uma vez que, no âmbito da prestação pública, estes são frequentemente subavaliados ou não são avaliados (Bartone, 1990; Rodriguez, 2002; Jin et al., 2006b). Sendo um sistema dinâmico com uma estrutura de capital fixo elevada, a gestão de resíduos sólidos urbanos com fornecimento privado exige contratos a longo prazo que garantam a sustentabilidade financeira do sistema (Connett & Connett, 1994).

Os sistemas de gestão de resíduos sólidos urbanos obtêm recursos de duas fontes principais: receitas geradas pelas instalações de tratamento e uma taxa de tratamento. Se os sistemas de gestão de resíduos sólidos urbanos fornecidos pela PPP conseguirem obter receitas suficientes para o seu custo, chamamos-lhes PPP auto-sustentada; no entanto, se as receitas forem inferiores aos custos, o sistema solicitará recursos ao sector público cobrando uma taxa de tratamento e chamamos-lhes PPP co-financiada.

As receitas geradas pela PPP MSWM são a venda de material selecionado (vidro, papel e cartão, embalagens, etc.), a produção de energia a partir de material orgânico e a venda de composto, entre outros (ver Figura n.º 04)

***FIGURA N° 04***
***RECEITAS DOS SISTEMASMSWM***

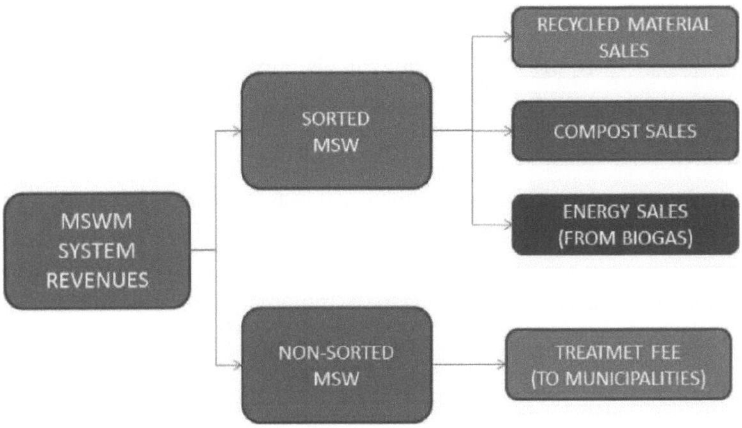


As receitas provenientes do sector público são normalmente fixadas como uma taxa estabelecida no contrato de PPP. Normalmente, estes contratos estabelecem que todas as receitas provenientes dos materiais recuperados devem ser utilizadas para reduzir a taxa que a PPP cobra ao sector público (normalmente paga pelos municípios). Além disso, as autoridades públicas obtêm estes recursos através de impostos ou tarifas cobrados aos residentes e às empresas.

Tendo em conta que a gestão de RSU envolve mais actividades do que apenas o tratamento, a análise económica das políticas públicas deve também considerar a criação de incentivos financeiros precisos para reduzir os custos de produção e recolha de RSU. Se adoptarmos o princípio do poluidor-pagador como guia para o sistema de gestão de RSU[9] , então as tarifas devem ser estabelecidas de acordo com a responsabilidade pela limpeza (Comissão Europeia, 2008; Chung & Lo, 2008;

[9] Como estabelece a Comissão Europeia.

Narayana, 2009).

Como se pode ver, o sistema apresenta uma série de problemas que devem ser considerados como desafios para a PPP na gestão dos RSU. Em primeiro lugar, a taxa de tratamento cobrada aos municípios está normalmente ligada à quantidade de RSU que vai para as instalações de recuperação de energia (resíduos não triados); assim, o custo do tratamento seletivo está incluído nos encargos com os resíduos não triados. Isto significa um subsídio implícito ao tratamento de RSU triados. O subsídio cruzado procura promover a reciclagem e a triagem (fornecendo uma taxa zero aos municípios); no entanto, o principal problema é a falta de informação sobre o custo real da reciclagem e da recuperação, o que leva à ideia errónea de que a triagem de resíduos não implica qualquer custo para a sociedade. Além disso, o subsídio cruzado pode gerar uma distorção na estrutura financeira, uma vez que as taxas não são cobradas de acordo com o custo social real do tratamento.

Em segundo lugar, a responsabilidade pela minimização dos resíduos, o primeiro objetivo da hierarquia dos resíduos, depende normalmente das autoridades públicas (municípios). Por este motivo, a análise das taxas que são finalmente pagas pelos produtores é importante. Um sistema de gestão de resíduos sólidos urbanos que procure aplicar o princípio do poluidor-pagador, mas não impute o custo do tratamento diretamente aos poluidores, enfrenta um desafio importante.

Normalmente, as taxas de tratamento são cobradas de acordo com a quantidade de RSU não triados gerados por cada município; contudo, os municípios baseiam as suas tarifas principalmente em pagamentos fixos por ano; por conseguinte, foram criados poucos incentivos à redução de resíduos para os residentes e as empresas turísticas (ver Figura n.º 05). Se os destinos utilizarem este tipo de taxas para os geradores de resíduos, o princípio poluidor-pagador não pode ser efetivamente aplicado, uma vez que não existe um incentivo económico preciso para o gerador de RSU, que não são os municípios, mas sim os residentes, os turistas e as empresas.

*FIGURA N° 05*

*EXEMPLO DE PPP CO-FINANCIADA PARA SISTEMAS MSWMS EM DESTINOS TURÍSTICOS*

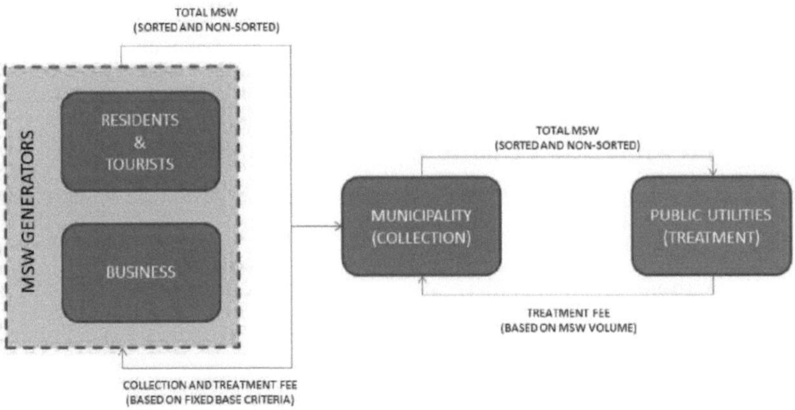


No caso das empresas turísticas, é possível encontrar muitas bases possíveis para as tarifas, como a área ou um montante fixo por ano; no entanto, no caso dos hotéis, existem duas opções principais para cobrar taxas de tratamento. Por um lado, existem tarifas fixas como as utilizadas para os residentes e, por outro lado, existem tarifas variáveis de acordo com o número de camas e existem duas alternativas principais para o fazer: (i) cobrando de acordo com a qualidade do hotel (estrelas) ou (ii) cobrando de acordo com os serviços prestados (com ou sem restaurante). Assim, nenhuma destas metodologias cobra de acordo com as medidas diretas de produção de RSU. Por conseguinte, não oferecem incentivos para uma melhor gestão dos RSU.

Em terceiro lugar, o sistema de gestão de RSU não dá incentivos suficientes às autoridades públicas (municípios) para estabelecerem regimes diferentes que possam estar mais próximos do princípio poluidor-pagador. Estes podem incorporar incentivos à minimização dos resíduos por parte dos produtores, uma vez que os actuais são muito mais fáceis e baratos de gerir do que cobrar de acordo com a produção de RSU. Alguns estudos seguiram o princípio do poluidor-pagador na Coreia[10] (Lee & Sun Paik, 2011)

[10] O sistema foi implementado em 1995 e exige que cada agregado familiar compre sacos de plástico certificados para a eliminação de RSU mistos, enquanto a eliminação de recicláveis separados é gratuita.

e em Taiwan[11] (Li-The et al., 2006), que utilizam taxas de recolha baseadas no volume relacionadas com sacos de lixo certificados. No entanto, embora estes sistemas baseados em sacos aumentem a separação de recicláveis, só são aplicados aos residentes e, tanto quanto o autor sabe, não existem experiências relativas a uma metodologia de recolha baseada no volume em destinos turísticos.

## 3.4. PARTICIPAÇÃO PÚBLICA E GESTÃO SOCIAL

A Europa é uma das regiões com maior tendência para a gestão de RSU, e um dos principais factores que contribuiu para promover mudanças foi a atitude da sociedade em relação à proteção ambiental (Magrinho, 2006). Assim, outro fator-chave da sustentabilidade nos sistemas de gestão de resíduos sólidos urbanos é o envolvimento de todas as partes interessadas, a fim de proporcionar aceitabilidade social (Bartone, 1990; Charuvichaipong & Sajor, 2006; Shekdar, 2009). Por conseguinte, a fim de melhorar a qualidade e a eficiência do sistema, o planeamento bem sucedido da gestão de resíduos deve ser inclusivo.

A quantidade de RSU gerados e a eficiência da recolha selectiva dependem normalmente dos incentivos dos produtores para colaborarem com o sistema de gestão de RSU; por conseguinte, não são apenas as condições económicas, mas também as sociais que as influenciam. A literatura académica refere que os aspectos sociais da gestão de RSU, tais como a compreensão adequada do sistema de reciclagem, afectam as taxas de participação (Metin et al., 2003). Um sistema sustentável de gestão de resíduos sólidos urbanos fornecido por PPP deve incluir acções que visem aumentar a consciência pública. Esta consciencialização resulta de programas de educação ambiental que ajudam a melhorar os hábitos dos cidadãos em relação a práticas amigas do ambiente, tais como retirar o caixote do lixo nas alturas previstas, separar os materiais recicláveis e minimizar voluntariamente os resíduos.

[11] O sistema de taxas de recolha baseado no volume em Taiwan teve início em 2000. Este sistema obriga os cidadãos a pagar as taxas de recolha de resíduos através da compra de um saco de lixo autorizado para a eliminação de resíduos gerais. Estabeleceu também sanções para quem fabricar sacos de lixo pirateados, incluindo possíveis penas de prisão.

Estes programas não podem ser fornecidos apenas pelo sector privado envolvido na PPP. Pelo contrário, estas acções necessitam de uma coordenação com o sector público que deve liderar esta tarefa. A gestão social busca incentivar a participação da sociedade como um todo e as tarefas educativas são gratuitas. No entanto, estas actividades requerem recursos para a publicação de material, apresentações e difusão em meios de comunicação (programas de rádio e televisão, artigos de jornal e online). Nos destinos turísticos, os hotéis e as empresas relacionadas com o turismo têm um impacto importante na geração e triagem de RSU; por isso, essas organizações devem ter alta prioridade nas estratégias de tratamento de RSU .[12]

De um ponto de vista social, a gestão social enfrenta um desafio importante para alcançar a hierarquia dos resíduos, uma vez que existem alguns casos de resistência à utilização de instalações de incineração nos EUA, na Europa e no Japão (Narayana, 2009). No caso dos sistemas de gestão de resíduos sólidos urbanos fornecidos por PPP, o risco de oposição social ao projeto deve ser definido como uma tarefa clara para as autoridades públicas. Neste sentido, o contrato PPP deve ter tarefas claras que apoiem a sustentabilidade do sistema.

Outro desafio para os sistemas de gestão social de RSU é a dificuldade crescente em garantir locais para instalações de tratamento de RSU, conhecida como síndroma NIMBY (Not In-My-Back-Yard) (den Boer et al., 2010; Lee & Sun Paik, 2011). Para reduzir os efeitos deste problema, as autoridades públicas devem fornecer três elementos-chave antes do contrato de PPP: (i) planeamento urbano; (ii) utilização de estudos ambientais que atestem que as áreas escolhidas não são sensíveis a instalações de tratamento de RSU; e (iii) exigência de investimento para mitigar os impactos ambientais em áreas onde o tratamento de resíduos possa ser desenvolvido. Apesar de todas estas estratégias que visam promover a aceitação social através da minimização do problema NIMBY, em destinos turísticos com escassez de terrenos, é impossível mitigar totalmente o problema.

É importante notar que, para atingir os objectivos de um sistema sustentável de gestão

[12] Para mais pormenores, ver TIRME (2011).

de resíduos sólidos urbanos, devem ser envolvidas outras partes interessadas para além dos cidadãos. Algumas cidades com elevados níveis de desemprego têm um sector de reciclagem informal. Estes processadores informais de resíduos constituiriam um desafio importante para a gestão social, uma vez que a implementação de PPP pode ser vista como um risco para os cidadãos pobres. Para resolver este problema, é importante que a estratégia social trabalhe com organizações não governamentais e de base comunitária para aumentar o apoio (Baud et al., 2001; Palczynski, 2002; Read & Wilson, 2003; Ahmed & Ali, 2004; Henry et al., 2006; Kassim & Ali, 2006; Wilson et al., 2006).

Em suma, para aumentar o apoio social ao sistema, é importante promover actividades de formação e educação que aumentem a preocupação do público com a minimização de resíduos, a triagem de RSU e a adequação da opção de incineração *em relação a* outras alternativas e incluir todas as partes interessadas relevantes, especificamente as relacionadas com o sector do turismo, no planeamento estratégico da gestão de RSU.

# CAPÍTULO 4. ESPECIALIZAÇÃO TURÍSTICA E MSWM

A geração e caraterização dos RSU é considerada um subproduto de uma estrutura produtiva económica (Rodríguez, 2002; den Boer et al., 2010). Assim, as cidades que basearam o seu desenvolvimento económico nos serviços turísticos apresentam caraterísticas importantes para os sistemas de gestão de RSU. Esta secção é dedicada a esses desafios do turismo para os sistemas de gestão de RSU.

A análise dos sistemas de gestão de resíduos sólidos urbanos em destinos turísticos como a Grécia (Papachristou et al., 2009), Portugal (Magrinho et al., 2006), Espanha (Arbulú et al., 2016), Turquia (Metin et al., 2003; Berkun et al., 2005) e outros, mostra que os aterros sanitários continuam a ser a tecnologia predominante de eliminação de resíduos sólidos urbanos e que, neste tipo de destinos, as taxas de valorização são baixas; no entanto, em todos estes países, as políticas públicas relativas aos sistemas de gestão de resíduos sólidos urbanos visam aumentar a valorização dos resíduos através de programas de reciclagem com separação na fonte em todos os grandes municípios.

As novas tendências nos sistemas de gestão de RSU em destinos turísticos recomendam que as políticas públicas devem procurar maximizar a reciclagem e minimizar a deposição em aterro dos RSU; além disso, estes sistemas envolvem a separação na fonte, a recolha, a triagem, a reciclagem, a compostagem e a deposição em aterro sanitário (Tinmaz, 2002). Além disso, é possível notar também que os pequenos destinos tendem a dar aos aterros a menor prioridade para a deposição de RSU devido às suas pequenas áreas geográficas e aos elevados custos de oportunidade da terra. Por outro lado, os destinos com grandes dotações de terra (Bernache, 2003; Maldonado, 2006) tendem a depender de aterros sanitários, com grandes preocupações sobre a implementação de sistemas de aterros sanitários, a fim de minimizar a poluição ambiental, em vez de mudar para outras soluções tecnológicas (Shekdar, 2009).

Os sistemas de gestão de resíduos sólidos urbanos baseados na recuperação de energia enfrentam, no entanto, um grande desafio em termos de sustentabilidade financeira quando os fluxos de resíduos apresentam um comportamento sazonal (Canaleta &

Ripoll, 2012). Como Candela & Figini (2012) observaram, um dos efeitos económicos da sazonalidade é a definição da dimensão ideal da infraestrutura, que é uma decisão de investimento crucial. Por conseguinte, a sazonalidade introduz custos adicionais de gestão de RSU, uma vez que conduz a um excesso de capacidade nas instalações de tratamento de RSU (dada a sua estrutura de custos fixos) durante a época baixa . A sazonalidade é típica de muitos destinos turísticos, em que as chegadas de turistas aumentam de frequência em determinados meses do ano. As empresas de valorização energética de resíduos em destinos turísticos com padrões de procura fortemente sazonais enfrentam uma sobrecapacidade que se traduz em custos económicos graves. Tal como Connor-Lajambe (1990) argumentou, nesta situação existe um risco elevado para a sustentabilidade financeira da PPP.

A partir da análise das experiências internacionais, é possível afirmar que os pequenos destinos tendem a dar menor prioridade aos aterros sanitários para a disposição de RSU devido às suas pequenas áreas geográficas e aos altos custos dos terrenos. Por outro lado, os destinos com grandes dotações de terra tendem a confiar nos aterros sanitários (Bernache, 2003; Maldonado, 2006) com grandes preocupações sobre a implementação de sistemas de aterros sanitários, a fim de minimizar a poluição ambiental, em vez de mudar para outras soluções tecnológicas (Shekdar, 2009). Por conseguinte, a solução tecnológica na PPP de gestão de resíduos sólidos urbanos também será condicionada pela dotação de terras. Além disso, tal como Sawell et al. (1996) observou, alguns destes países (especialmente os que dispõem de terrenos extensos) dependem dos aterros sanitários porque o material residual num aterro sanitário pode ser considerado como um futuro recurso energético através da recuperação de gás de aterro ou da extração de resíduos, o que deve ser considerado no contrato de PPP.

Os sistemas de gestão de resíduos sólidos urbanos baseados na recuperação de energia enfrentam um grande desafio em termos de sustentabilidade financeira quando os fluxos de resíduos apresentam um comportamento sazonal (Canaleta & Ripoll, 2012).

Como Candela & Figini (2012) observaram, um dos efeitos económicos da sazonalidade é a definição da dimensão óptima da infraestrutura, que é uma decisão de investimento crucial. Por conseguinte, a sazonalidade introduz custos adicionais de gestão de RSU, uma vez que conduz a uma sobrecapacidade nas instalações de tratamento de RSU (devido à elevada estrutura de custos fixos) durante a época baixa.

A sazonalidade é típica de muitos destinos turísticos, em que as chegadas de turistas aumentam de frequência em determinados meses do ano. A sazonalidade na produção de RSU causada por um padrão de turismo sazonal resulta num custo financeiro e, de acordo com o princípio poluidor-pagador, a maioria destes custos deveria ser paga pelo sector do turismo. No entanto, a falta de informação sobre a produção de RSU pelos geradores (turistas e residentes) torna impossível saber se há subsídios cruzados entre o sector do turismo e outros contribuintes financeiros para o sistema de gestão de RSU. Este facto também impossibilita a implementação de um sistema tarifário baseado no princípio poluidor-pagador. Este facto, e a previsível oposição social dos produtores cujas tarifas aumentariam necessariamente, impediu até agora que esta opção fosse debatida publicamente. No entanto, é necessário prosseguir a investigação neste domínio, a fim de conseguir uma melhor forma alternativa de incentivos precisos nos contratos de PPP.

Por outro lado, foi sugerida uma proposta diferente para atenuar a sazonalidade no tratamento dos RSU, nomeadamente a "importação de RSU". De acordo com esta proposta, o destino deve receber os RSU de outras regiões durante a época baixa e, ao fazê-lo, as receitas provenientes do serviço prestado a essas regiões reduziriam o cofinanciamento solicitado às autoridades públicas (que são pagas pelos residentes e pelas empresas). Embora esta alternativa reduzisse os custos de sobrecapacidade, também aumentou as preocupações ambientais, especialmente por parte de grupos ambientalistas, partidos políticos e mesmo do sector do turismo, que afirmou que a importação de RSU poderia ter impactos negativos na imagem do destino e na vontade dos residentes de reciclar.

Em suma, a experiência internacional mostra que os destinos turísticos que têm elevados custos de oportunidade de utilização dos solos tendem a recorrer a tecnologias de valorização energética dos resíduos em comparação com os aterros. No entanto, no caso destes destinos, a sazonalidade do turismo afecta os custos de gestão dos resíduos devido à estrutura de capital fixo do sistema. Nesta situação, o princípio do poluidor-pagador estabelece que estes custos adicionais devem ser suportados pelos geradores, principalmente no sector do turismo; no entanto, em muitos destinos turísticos, a informação para aplicar este princípio não está disponível.

# CAPÍTULO 5. CONCLUSÕES

A investigação sobre a gestão de resíduos sólidos urbanos (RSU) tem merecido a atenção de muitos campos da comunidade científica, que tem avaliado os sistemas de RSU em muitas regiões para compreender os problemas ambientais, económicos e sociais críticos daí decorrentes. Este livro pretende contribuir para a literatura académica, apresentando uma visão geral dos principais desafios que o sistema de gestão de resíduos sólidos urbanos proporcionado por parcerias público-privadas enfrenta nos destinos turísticos.

Os sistemas de gestão de resíduos sólidos urbanos são fortemente influenciados por factores políticos, jurídicos, sociais, culturais, ambientais e económicos, cuja interação é normalmente complexa. Dadas estas caraterísticas, não existe um parâmetro único para avaliar a eficácia de um sistema de gestão de resíduos sólidos urbanos adequado; por conseguinte, o desempenho do sistema deve ter em conta muitos aspectos diferentes.

As Parcerias Público-Privadas podem ser uma ferramenta útil para aumentar a cobertura de serviços ambientais, como os sistemas de gestão de resíduos sólidos urbanos; no entanto, a análise das PPP ambientais não é semelhante à das PPP tradicionais baseadas em infra-estruturas. O principal objetivo da política sustentável de gestão de resíduos sólidos urbanos é minimizar os impactos ambientais; no entanto, devem ser tidos em conta mais aspectos para definir incentivos precisos nos contratos de PPP quando se trata de destinos turísticos.

Em primeiro lugar, os destinos turísticos de massas localizados em pequenas áreas geográficas, como as ilhas, tendem a ter um elevado custo de oportunidade do terreno. Por conseguinte, a escolha da solução tecnológica neste tipo de destinos é tendenciosa para as instalações WTE.

Em segundo lugar, uma PPP eficaz em matéria de gestão de resíduos sólidos urbanos deve ter como principal objetivo a minimização dos resíduos; por conseguinte, o contrato de PPP deve gerar incentivos precisos tanto para o sector privado como para o sector público. Normalmente, são os municípios que se encarregam desta tarefa; no entanto, dada a quantidade de visitantes e o elevado custo da supervisão, os municípios não obtêm informações suficientes sobre a produção e a composição dos RSU, que constituem o principal contributo para as políticas de minimização de resíduos. Além disso, considerando que, em muitas cidades, o sistema de gestão de RSU está sujeito à vontade do produtor em colaborar com a triagem de RSU, esta tarefa torna-se ainda mais desafiante para estabelecer incentivos aos turistas de modo a obter o seu envolvimento.

Em terceiro lugar, no que respeita às instalações de reciclagem e de recuperação de energia, uma desvantagem do sistema de gestão de resíduos sólidos urbanos em destinos turísticos está relacionada com a sazonalidade. Os efeitos económicos da sazonalidade do turismo nas PPP estão relacionados com a escolha da dimensão ideal da infraestrutura. A sazonalidade turística leva a um excesso de capacidade durante a época baixa devido à elevada intensidade de capital dos serviços de tratamento. Por conseguinte, esta capacidade inativa tem de ser suportada independentemente da quantidade de RSU gerados, causando custos de gestão adicionais para a gestão de RSU em comparação com as cidades tradicionais.

Por último, as PPP ambientais no domínio da gestão de resíduos sólidos urbanos têm de estabelecer um sistema tarifário que permita seguir o princípio do poluidor-pagador. Nos destinos turísticos, isto constitui um verdadeiro desafio para as autoridades locais, uma vez que o sistema tarifário deve basear-se numa tarifa baseada no volume; no entanto, os municípios cobram normalmente de acordo com esquemas de pagamentos fixos porque são mais fáceis de gerir, mas não geram incentivos suficientes para que os residentes e as empresas turísticas reduzam os resíduos. Além disso, outro desafio é estabelecer uma tarifa exacta para os turistas de acordo com a sua produção de RSU, uma vez que as políticas bem sucedidas baseadas no volume só foram aplicadas aos residentes e, tanto quanto o autor sabe, não existem experiências relativas a destinos turísticos.

Relativamente à aceitabilidade social, é importante notar que, mesmo quando um dos principais desafios do sistema de gestão de RSU fornecido pela PPP é aumentar o fluxo de informação para os residentes e partes interessadas. Nos destinos turísticos, os hotéis e as empresas relacionadas com o turismo têm um impacto importante na produção e triagem de RSU; no entanto, estas organizações parecem ter menos importância do que os cidadãos para as estratégias de GMS. Por conseguinte, o papel de liderança das autoridades públicas deve aumentar os fluxos de informação no sentido de aumentar as preocupações do público sobre os objectivos da GMS (minimização e triagem de RSU) para todas as partes interessadas relevantes no planeamento estratégico da GMS.

Em suma, a minimização dos resíduos continuará a ser um dos principais desafios para as PPP nos sistemas de gestão de resíduos sólidos urbanos em destinos turísticos. A investigação futura deve centrar-se em três áreas principais. Em primeiro lugar, a análise de fontes de informação alternativas geradas por PPP para a produção de RSU em destinos turísticos. Em segundo lugar, a análise dos incentivos nos negócios turísticos é crucial para o desenvolvimento de práticas de minimização de RSU. Finalmente, o desenvolvimento de um sistema alternativo de taxas de eliminação que gere incentivos económicos de acordo com o princípio do poluidor-pagador nos destinos turísticos.

# REFERÊNCIAS

Aguiló, E., Alegre, J., & Sard, M. (2005). "A persistência do modelo de turismo de sol e areia". *Tourism Management*. Vol. 26, pp. 219-231.

Ahmed, S. & Ali, M. (2004) "Partnerships for solid waste management in developing countries: linking theories to realities". *Habitat International*. Vol. 28(3), pp. 467-79.

Al-Khatib, I.; Monou, M.; Abu Zahra, A.; Shaheen,H. & Kassinos, D. (2010). "Caracterização, quantificação e práticas de gestão de resíduos sólidos em países em desenvolvimento. Um estudo de caso: Distrito de Nablus - Palestina". *Jornal de Gestão Ambiental*. Vol. 91, pp. 1131-1138.

Andreadakis, A.D.; Razis, Y.; Hadjibiros, K. & Christoulas, D.G. (2000). "Gestão dos resíduos sólidos urbanos na Grécia". *Environment and Management*. Vol. 10, pp. 171-202.

Arbulú, I.; Lozano, J. & Rey-Maquieira, J. (2013). Geração de resíduos sólidos urbanos em destinos maduros: Um modelo do tipo IPAT para Mallorca. *Economía Agraria y Recursos Naturales*, 13(1): 69-93.

Arbulú, I., Lozano, J., & Rey-Maquieira, J. (2015). Turismo e produção de resíduos sólidos na Europa: A panel data assessment of the Environmental Kuznets Curve. *Waste Management*, 46: 628-636.

Arbulú, I., Lozano, J., & Rey-Maquieira, J. (2016). Os desafios dos sistemas de gestão de resíduos sólidos urbanos fornecidos por parcerias público-privadas em destinos turísticos maduros: O caso de Mallorca. *Gestão de Resíduos,* 51, 252-258.

Bach, H.; Mild, A; Natter, M & Weber, A. (2004). "Combinação de factores sociodemográficos e logísticos para explicar a produção e recolha de resíduos de papel". *Resources, Conservation and Recycling (Recursos, Conservação e Reciclagem)*. Vol. 41, pp. 65-73.

Bartone, C. (1990). "Economic and policy issues in resource recovery from municipal solid wastes". *Resources, Conservation and Recycling (Recursos, Conservação e Reciclagem)*. Vol. 04, pp. 7-23.

Bartone, C.; Leite, L.; Triche, T. & Schertenleib, R. (1991). "Private sector participation in municipal solid waste service: Experiências na América Latina". *Waste Management & Research*. Vol. 09, pp. 49 5-509.

Baud, I.; Grafakos, S.; Hordijk, M.; Post, J. (2001). "Qualidade de vida e alianças na gestão de resíduos sólidos: contributos para o desenvolvimento urbano sustentável" *Cities*. Vol. 18(1), pp. 3-12.

Bel, G. (2006). "Gasto municipal por el servicio de residuos sólidos urbanos". *Revista de Economia Aplicada*. Vol. 14(41), pp. 5-32.

Berkun, M.; Aras, E. e Nemlioglu, S. (2005). "Disposal of solid waste in Istanbul and along the Black Sea coast of Turkey" [Eliminação de resíduos sólidos em Istambul e ao longo da costa do Mar Negro da Turquia]. *Waste Management*. Vol. 25, pp. 847-855.

Bernache, G. (2003). "O impacto ambiental da gestão de resíduos urbanos: O caso da área metropolitana de Guadalajara". *Recursos, Conservação e Reciclagem*. Vol. 39, pp. 223-237.

BOCAIB n.º 25. Decreto 21/2000.

Bovea, M.; Ibanez-Forés, V.; Gallardo, A. & Colomer-Mendoza, F. (2010). "Avaliação ambiental de estratégias alternativas de gestão de resíduos sólidos urbanos. Um estudo de caso espanhol". *Gestão de Resíduos*. Vol. 30, pp. 23832395.

Buenrostro O.; Bocco, G. & Vence, J. (2001). "Previsão da geração de resíduos sólidos urbanos em desenvolvimento; um estudo de caso no México". *Jornal da Associação de Gestão do Ar e dos Resíduos*. Vol. 51(1), pp. 86-93.

Burnley, S. (2007). "Uma análise da composição dos resíduos sólidos urbanos no Reino Unido". *Gestão de Resíduos*. Vol. 27, pp. 1274-1285.

Canaleta, A. & Ripoll, G. (2012). "Experiência em mineração de aterros sanitários em Maiorca (Ilhas Baleares - Espanha): A filosofia do aterro perpétuo". Apresentação para o *SUM2012 SYMPOSIUM ON URBAN MINING, 21-23 de maio de 2012. Bergamo.*

Candela, G. & Figini, P. (2012). "A economia dos destinos turísticos". Springer Berlin Heidelberg.

Charuvichaipong, C. & Sajor, E. (2006). "Promoção da separação de resíduos para reciclagem e governação local na Tailândia". *Habitat International.* Vol. 30, pp. 579-594.

Chung, S. & Lo, C. (2008). "Restrições locais à gestão de resíduos e administradores de resíduos na China". *Waste Management.* Vol. 28, pp. 272-281.

Chung, S. & Poon, C. (1997). "Quantificação das externalidades na gestão dos resíduos sólidos em Hong Kong". *Journal of Environmental Engineering.* Vol. 123 (3), pp. 282-289.

Connett, P. & Connett, E. (1994). "Incineração de resíduos urbanos - pergunta errada, resposta errada". *The Ecologist.* Vol. 24 (1), pp. 14-19.

Danteravanich, S. & Siriwong, C. (1998). "Gestão de resíduos sólidos no Sul da Tailândia". *Journal of Solid Waste Technology and Management.* Vol. 25 (1), pp. 21-26.

Defeuilley, C. & Lupton, S. (1998). "O futuro da reciclagem na política de resíduos domésticos: o caso da França". *Resources Conservation and Recycling.* Vol. 24, pp. 217-233.

Dennison, G.; Dodda,V. & Whelanb, B. (1996). "A socio-economic based survey of household waste characteristics in the city of Dublin, Ireland". *Resources, Conservation and Recycling.* Vol. 17, pp. 227-244.

den Boer,E.; Jecdrczak, A.; Kowalski, Z.; Kulczycka, J. & Szpadt, R. (2010). "A review of municipal solid waste composition and quantities in Poland" [Uma análise da composição e das quantidades de resíduos sólidos urbanos na

Polónia]. *Gestão de resíduos.* Vol. 30, pp. 369-377.

ENT Ambiente e Gestão (2011). *"Estudio sobre modelos de gestion de residuos en zonas insulares".* Ministerio de Medio Ambiente y Medio Rural y Marino.

Comissão Europeia, 1975. Diretiva 75/442/CEE do Conselho Europeu de 15 de julho de 1975 relativa aos resíduos. Jornal Oficial L 194, 0039-0041.

Comissão Europeia, 1994. Diretiva 94/62/CE do Parlamento Europeu e do Conselho, de 20 de dezembro de 1994, relativa a embalagens e resíduos de embalagens. Jornal Oficial L 365, 0010-0023.

Comissão Europeia, 1999. Diretiva 1999/31/CE do Conselho Europeu, de 26 de abril de 1999, relativa à deposição de resíduos em aterros. Jornal Oficial L 282, 0016.

Comissão Europeia, 2004. Diretiva 2004/12/CE do Parlamento Europeu e do Conselho, de 11 de fevereiro de 2004, que altera a Diretiva 94/62/CE relativa a embalagens e resíduos de embalagens - Declaração do Conselho, da Comissão e do Parlamento Europeu. Jornal Oficial L 047, 0026-0032.

Comissão Europeia, 2008. Diretiva 2008/98/CE do Parlamento Europeu e do Conselho, de 19 de novembro de 2008, relativa aos resíduos e que revoga certas diretivas (Texto relevante para efeitos do EEE).

Fernandez, A. (2008). "la percepción social de la incineración: la experiencia de Mallorca". SD-AYMAD. In *Sostenibilidad ambiental y valorización energética de residuos urbanos. Ayuntamiento de Madrid.*

Fobila, J.; Armahb, N.; Hogarhc, J. & Carboo, D. (2008). "A influência das instituições e organizações nos sistemas de recolha de resíduos urbanos: Uma análise do sistema de recolha de resíduos em Accra, Gana (1985-2000)". *Journal of Environmental Management,* Vol. 86, pp. 262-271.

Foo, T. (1997). "Reciclagem de resíduos domésticos: primeiras experiências em Singapura". *Habitat International.* Vol. 21 (3), pp. 277- 289.

Garrod, Guy, Willis, Ken, (1998). "Estimating lost amenity due to landfill waste disposal". *Resources, Conservation and Recycling (Recursos, Conservação e Reciclagem).* Vol. 22, pp. 83- 95.

Gupta, S.M.; Prasad, K.,; Gupta, R. & Kansal, S. (1998). "A Gestão de resíduos sólidos na Índia: opções e oportunidades". *Resources Conservation and Recycling.* Vol. 24(2), pp. 137-154.

Hartlén, J., (1996). "Gestão de resíduos na Suécia". *Waste Management.* Vol. 16(5/6), pp. 385-388.

Hein, W. (1997). "Agenda 21 e desenvolvimento sustentável". In *Desechos sólidos y educación ambiental.* FLACSO.

Henry, R.; Yongsheng, Z & Jun, D. (2006). "Desafios da gestão dos resíduos sólidos urbanos nos países em desenvolvimento - estudo de caso no Quénia". *Waste Management.* Vol. 26(1), pp. 92-100.

Hjelmar, O. (1996) "Waste management in Denmark". *Gestão de resíduos.* Vol. 16(5/6), pp. 389-394.

Jin, J.; Wang, Z. & Ran, S. (2006). "Gestão de resíduos sólidos em Macau: Practices and challenges". *Waste Management.* Vol. 26, pp. 1045-1051.

Jin, J.; Wang, Z. & Ran, S. (2006b). "Comparação da avaliação contingente e da experiência de escolha em programas de gestão de resíduos sólidos em Macau". *Ecological Economics.* Vol. 57, pp. 430-441.

Joos, W.; Carabias,V.; Winistoerfer,H. & Stuecheli, A. (1999). "Aspectos sociais da gestão pública de resíduos na Suíça". *Waste Management.* Vol. 19, pp. 417-425.

Karam, J.; Cin, G. & Tilly, J. (1990). "Avaliação económica das opções de minimização de resíduos". *Environmental Progress.* Vol. 07(3), pp. 192-197.

Kassim, S.& Ali, M. (2006). "Solid waste collection by the private sector: household's perspective-findings from a study in Dar es Salaam city, Tanzania". *Habitat International.* Vol. 30(4), pp. 769-80.

Koufodimos, G. & Samaras, Z. (2002). "Opções de gestão de resíduos no Sul da Europa utilizando dados de campo e experimentais". *Waste Management.* Vol. 22, pp. 47-59.

Koushki, P.; Al-Duaij, U. & Al-Ghimlas, W. (2004). "Collection and transportation cost of household solid waste in Kuwait" [Custo de recolha e transporte de resíduos sólidos domésticos no Kuwait]. *Waste Management,* Vol. 24, pp. 957-964.

Knowles, T., & Curtis, S. (1999). "The market viability of European mass tourist destinations. Uma análise do ciclo de vida pós-estagnação". *International Journal of Tourism Research.* Vol. 01, pp. 87-96.

Li, M.; Hu, S.; Xiang, J.; Sun, L.; Li, P.; Su, S. & Sun, X. (2003). "Characterizationof fly ashes from two Chinese municipal solid waste incineration". *Energia e Combustíveis.* Vol. 17, pp. 1487-1491.

Li-The, L; Teng-Yuan H.; Neng-Chou, S.; Yue-Hwa, Y. & Hwong-Wen, M. (2006). "Gestão de RSU para a minimização de resíduos em Taiwan: The last two decades". *Gestão de resíduos.* Vol. 26, pp. 661-667.

Ljunggren, M. & Sundberg, J. (1996). "A systems engineering approach to national solid waste management - case study Sweden". In *Proceedings of the 12th International Conference on Solid Waste Technology and Management, Suécia.*

Magrinho, A.; Didelet, F. & Semiao, V. (2006). "Eliminação de resíduos sólidos urbanos em Portugal". *Gestão de Resíduos.* Vol. 26, pp. 1477-1489.

Mahdavi Damghani, A. & Savar, G. (2008). "Gestão dos resíduos sólidos urbanos em Teerão: Práticas actuais, oportunidades e desafios". *Gestão de Resíduos.* Vol. 28, pp. 929-934.

Maldonado, L. (2006). "A economia da redução de resíduos sólidos urbanos em instituições de ensino no México: A 3-year experience" *Resources, Conservation and Recycling.* Vol. 48, pp. 41-55.

Manga,V.; Forton, O., & Read, A. (2008). "Gestão de resíduos nos Camarões: Uma nova perspetiva política?" *Resources, Conservation and Recycling (Recursos, Conservação e Reciclagem).* Vol. 52, pp. 592-600.

Marchand, R., (1998). "Marketing of solid waste management services in Tingloy, the Philippines". *Documento de trabalho da UWEP,* 9.

Mateu-Sbert, J; Ricci-Cabello, I.; Villalonga-Olives, E. & Cabeza-Irigoyen, E. (2013). "O impacto do turismo na geração de resíduos sólidos urbanos: O caso da Ilha de Menorca (Espanha)". *Gestão de Resíduos.* Vol. 33, pp. 2589-2593.

Metin, E., Erozturk, A., Neyim, C., (2003). "Práticas de gestão de resíduos sólidos e análise das operações de recuperação e reciclagem na Turquia". *Waste Management.* Vol. 23, pp. 425-432.

Mihalic, T. (2000). "Gestão ambiental de um destino turístico Um fator de competitividade turística". *Tourism Management.* Vol. 21, pp. 65-78.

Ministerio de Medio Ambiente y Medio Rural y Marino (2009). "Plan Nacional Integrado de Residuos para el período 2008-2015". *BOLETÍN OFICIAL DEL ESTADO,* 49.

Mor, S., Ravindra, K., Visscher, A., Dahiya, R.P., Chandra, A. (2006). "Caracterização de resíduos sólidos urbanos e sua avaliação para potencial geração de metano: Um estudo de caso". *Science of the Total Environment.* Vol. 371, pp. 1-10.

Mrayyan,B. & Hamdi, M. (2006). "Management approaches to integrated solid waste in industrialized zones in Jordan: A case of Zarqa City". *Waste Management.* Vol. 26(2), pp. 195-205.

Murray, R. (1999). "Creating Wealth from Waste". Demos, Londres.

Narayana, T. (2009). "Gestão dos resíduos sólidos urbanos na Índia: From waste disposal to recovery of resources?". *Waste Management.* Vol. 29, pp.11631166.

Oluwande, P. (1984). "Avaliação dos problemas de gestão de resíduos sólidos metropolitanos na China e em África". In: Holmes, J.R. (Ed.): *Managing Solid Waste in Developing Countries.* J. Wiley.

Omuta, G. (1987). "Camuflagem, contravenção ou conivência: para um exame do controlo do desenvolvimento no estado de Bendel, Nigéria". *Third World Planning Review.* Vol. 03(1), pp. 135-153.

Palczynski RJ. (2002). "Estudo sobre as opções de gestão de resíduos sólidos em África". *Relatório de Projeto para o Banco Africano de Desenvolvimento - Unidade de Desenvolvimento Sustentável e Redução da Pobreza. Abidjan, Cote d'Ivoire.*

Papachristou, E.; Hadjianghelou, H.; Darakas, E.; Alivanis, K.; Belou, A.; Ioannidou, D.; Paraskevopoulou, E.; Poulios, K.; Koukourikou, A; Kosmidou, N & Sortikos, K. (2009). "Perspectivas para a gestão integrada de resíduos sólidos urbanos em Salónica, Grécia". *Gestão de resíduos.* Vol. 29, pp. 1158-1162.

Pokhrel, D. & Viraraghavan, T. (2005). "Gestão dos resíduos sólidos urbanos no Nepal: práticas e desafios". *Waste Management.* Vol. 25, pp. 555-562.

Read A. & Wilson D. (2003). "The strategic planning guide for solid waste management-an interactive toolkit for environmentally developing countries". In *Proceedings of the Sardinia Waste Symposium.*

Rodríguez, L. (2002). "Hacia la gestión ambiental de residuos sólidos en las metrópolis de América Latina". *Innovar - Revista de Ciencias Administrativas y Sociales.* Vol. 20, pp. 111-134.

Rotich, K.; Zhao, Y & Dong, J. (2006) "Municipal solid waste management challenges in developing countries - Kenyan case study". *Waste Management.* Vol. 26, pp. 92-100.

Sakai, S. (1996). "Gestão dos resíduos sólidos urbanos no Japão". *Waste Management.* Vol. 16(1), pp. 395-406.

Sakai, S.; Sawell, S.E.; Chandler, A.J.; Eighmy, T.T.; Kosson, D.S.; VehlowJ.;

vander Sloot, H.A.; Hartlen,J. & Hjelmar,O. (1996). "World trends in municipal solid waste management" (Tendências mundiais na gestão dos resíduos sólidos urbanos). *Waste Management.* Vol. 16(5/6), pp. 341-350.

Sawell, S.; Hetherington, S. & Chandler, A. (1996). "Uma visão geral da gestão dos resíduos sólidos urbanos no Canadá". *Waste Management.* Vol. 16(5/6), pp. 351-359.

Shekdar, A., Krishnaswami, K., Tikekar, V., Bhide, A. (1991). "Planeamento a longo prazo para a gestão de resíduos sólidos na Índia". *Journal of Waste Management and Research.* Vol. 09, pp. 511-523.

Shekdar, A. (2009). "Gestão sustentável dos resíduos sólidos: Uma abordagem integrada para os países asiáticos". *Waste Management.* Vol. 29, pp. 1438-1448.

Slagstad, H. & Brattebo, H. (2012). "LCA para gestão de resíduos domésticos no planeamento de um novo assentamento urbano". *Gestão de Resíduos.* Vol. 32, pp. 1482-1490.

Song, H. (2012). "Gestão da cadeia de abastecimento do turismo". Routledge.

Lee, S. & Sun Paik, H. (2011). "Gestão de resíduos domésticos coreanos e comportamento de reciclagem". *Construção e Ambiente.* Vol. 46, pp. 1159-1166.

Tanaka, M., (1999). "Tendências recentes nas actividades de reciclagem e resíduos

gestão de resíduos no Japão". *Journal of Material Cycles and Waste Management.* Vol. 01, pp. 10-16.

Tinmaz, E. (2002). "Research on Integrated Solid Waste Management System in Corlu Town", Tese de Licenciatura, Universidade Técnica de Ystanbul, Ystanbul, Turquia.

Tinmaz, E. & Demir, I. (2006). "Investigação sobre o sistema de gestão de resíduos sólidos: To improve existing situation in Corlu Town of Turkey".

*Gestão de resíduos.* Vol. 26, pp. 307-314.

TIRME (2011). *Informe de sostenibilidad.*

Urtasuna, A. & Gutiérrez I. (2006). "Aglomeração turística e seus impactos no bem-estar social: uma abordagem empírica do caso espanhol". *Tourism Management.* Vol.27, pp. 01-12.

van der Sloot, H.A., (1996). "Present status of waste management in the Netherlands" (Situação atual da gestão de resíduos nos Países Baixos). *Waste Management.* Vol. 16 (5/6), pp. 375-384.

Vehlow, J. (2006). "Gestão dos resíduos sólidos urbanos na Alemanha". *Gestão de Resíduos.* Vol. 16(5/6), pp. 367-374.

Wilson DC, Velis C, Cheeseman C. (2006). "Papel da reciclagem do sector informal na gestão de resíduos nos países em desenvolvimento". *Habitat Internacional.* Vol. 30(4), pp. 797-808.

Woodart, R., Harder, M.K., Bench, M., Philip, M. (2001). "Evaluating the performance of a fortnightly collection of household waste separate into compostables, recyclates and refuse in the south of England" [Avaliação do desempenho de uma recolha quinzenal de resíduos domésticos separados em compostáveis, reciclados e resíduos no sul de Inglaterra]. *Resources Conservation and Recycling.* Vol. 31, pp. 265-284.

Yorimoto, K. (1990). *"O grave problema dos resíduos em Tóquio". Japan Quarterly.* Vol. 37(3), pp. 328-333.

Yuan, H.; Wang, L.; Su, F. & Hu, G. (2006). "Gestão de resíduos sólidos urbanos em Chong Qing: desafios e oportunidades". *Gestão de Resíduos.* Vol. 26, pp. 1052-1062.

Zhang, D.; Tan, S. & Gersberg, R. (2010). "Gestão dos resíduos sólidos urbanos na China: Status, problems and challenges". *Jornal de Gestão Ambiental.* Vol. 91, pp. 1623 -1633.

# APÊNDICE

## LEVANTAMENTO DE ESTUDOS DE CASO DE MSWM NA LITERATURA ACADÉMICA

- Europa

- Áustria (Bach et al., 2004).
- Inglaterra (Woodart et al., 2001; Burnley, 2007).
- França (Defeuilley & Lupton, 1998).
- Alemanha (Vehlow, 2006).
- Grécia (Andreadakis et al., 2000; Koufodimos e Samaras, 2002).
- Irlanda (Dennison et al. 1996).
- Países Baixos (van der Sloot, 1996).
- Noruega (Slagstad & Bratteb0, 2012).
- Polónia (den Boer et al., 2010).
- Sul da Europa (Koufodimos & Samaras, 2002).
- Espanha (Bovea et al., 2010).
- Suécia (Hartlen, 1996).
- Suíça (Joos et al., 1999).

- Ásia e Médio Oriente

- China (Zhang et al.,2010; Yuan et al., 2006; Li et al., 2003; Chung & Lo, 2008).
- Hong Kong (Chung & Poon, 1997).
- Índia (Gupta et al., 1998; Shekdar, 2009).
- Irão (Mahdavi Damghani & Savar, 2008).
- Japão (Sakai, 1996; Tanaka, 1999; Yorimoto, 1990).

- Jordânia (Mrayyan & Hamdi, 2006).
- Kuwait (Koushki et al., 2004).
- Nepal (Pokhrel & Viraraghavan, 2005).
- Palestina (Al-Khatib et al., 2010).
- Filipinas (Marchand, 1998).
- Singapura (Foo, 1997).
- Coreia do Sul (Lee & Sun, 2011).
- Taiwan (Li-The et al, 2006).
- Tailândia (Charuvichaipong & Sajor, 2006; Danteravanich & Siriwong, 1998).
- Turquia (Metin et al., 2003; Berkun et al., 2005; Tinmaz & Demir, 2006).

• América

- Argentina (Bartone et a., 1991).
- Brasil (Bartone et a., 1991).
- Canadá (Sawell et al, 2006).
- Chile (Bartone et a., 1991).
- México (Maldonado, 2006; Bernache, 2003; Buenrostro et al., 2001).
- Venezuela (Bartone et a., 1991).

• África

- Camarões (Manga et al., 2008).
- Gana (Fobila et al. 2008).
- Quénia (Rotich et al., 2006).
- Nigéria (Omuta, 1987).
- Tanzânia (Kassim & Ali, 2006).

MIX
Papier aus verantwortungsvollen Quellen
Paper from responsible sources
FSC® C105338

Printed by Books on Demand GmbH, Norderstedt / Germany